Lilo Meier · Martina Brönnimann

TABULA ROSA

Aus der Rosenküche

Tabula Rosa – die Rosentafel

Tabula Rosa ist ein Wortspiel aus «tabula rasa», was im ursprünglichen Sinne die geglättete Wachstafel der Römer (tabula: Tafel) bezeichnet, auf der alles zuvor Geschriebene weggewischt ist (rasa von radere: rasieren). Rosa statt «rasa» bringt die Rose und ihre reinigende Wirkung ins assoziative Spiel. Die Rose, die gute Düfte bringt, und die Rose als Seelennahrung für die Tafel, eine weitere Bedeutung von «tabula». Dieses Buch lädt Sie ein, die wahren Gaumenfreuden der Rosentafel zu entdecken und zu genießen.

BLOOM'S

INHALT

VORWORT

Die Rose verzaubert, erfreut, verführt und betört, zerkratzt Beine, zerfetzt Röcke und der Hagel entblättert die Rosenstöcke. Mit zwölf Jahren trat ich eimerweise beladen und von Kopf bis Fuß geschmückt mit Löwenzahn vor meiner Mutters Kamera – immerhin ist der Löwe der König der Tiere! Vor zwölf Jahren trat die Königin der Blumen in mein Leben und belädt seither meinen Erntekorb und schmückt meinen Teller. Denn ich betrat mit Spaten und 1.500 Rosenstöcken ein braches Feld und gründete das Unternehmen „Blütenschmaus". Intuitiv folgte ich dem berauschenden Duft- und stacheligen Lernpfad. Er führte vom Biolandbau über Duftstoffextraktionsverfahren zu Spitzenköchen, dann wieder in den Kampf gegen Wühlmäuse und Blattläuse. Ich traf auf Parfümeurinnen und Genuss-Genossinnen, mit denen ich gemeinsam Rosenrezepte komponierte, diese an geduldigen Freundinnen testete und so irgendwann im Rosen-Catering-Business landete. Schließlich kreuzte sich dieser Pfad mit der koch- und rosenbegeisterten Gestalterin Martina Brönnimann, dank und von welcher drum die einladenden Fotos meine Rosenrezepte schmücken und dieses Buch überhaupt gestaltet und entstanden ist. Die Rose hat mit ihrem Duft und ihrer Schönheit die Augen und Vasen der Welt erobert; komm mit uns, wir zeigen Dir, wie die Rose mit ihrem Duft und Geschmack Deinen Teller und Gaumen erobert!

Lilo Meier (links und links oben), Martina Brönnimann (rechts oben)

LILO MEIER UND BLÜTENSCHMAUS

Am Fuße des Uetlibergs am Stadtrand von Zürich pflückt eine Frau Rosenköpfe. Sie wird daraus ihre Delikatessen machen. Lilo Meier, einssechzig groß, kurze braune Haare, wacher Blick, dreht mit geübten Bewegungen flink die Köpfe der Rosen ab und legt sie sorgfältig in den Korb. Wie jeden Morgen für zwei, drei Stunden. Jedes ihrer zwei Rosenfelder ist einen halben Hektar groß mit rund 750 Rosenstöcken. Die Rosenblüten an den hüfthohen Pflanzen sind eher unscheinbar, aber sie duften lieblich und intensiv. „Es müssen robuste Sorten sein, die mehrmals blühen", sagt die 50-jährige Stadt-Zürcherin, „und sie müssen duften!" Englische Rosen, Portland, Borbonica, Damaszener, alle Bio-Knospe-zertifiziert. „Das Aufwändigste kommt aber erst noch", sagt sie, „die Blütenblätter müssen von Hand gezupft werden". Das dauere schnell einmal ein paar Stunden am Tag. Freizeit bleibt ihr in der Erntezeit von Mai bis Oktober nicht viel: 17-Stunden-Tage sind die Regel und nicht die Ausnahme. Und trotzdem empfindet sie ihren Alltag, der so komplett von den Rosen diktiert wird, als Privileg.

Ein noch unbekannter Geschmack

Nach dem Zupfen werden die Blätter noch am gleichen Tag geschnitten und weiterverarbeitet zu Mark, Gelee, Konfitüre, Sirup, Balsamico oder neuerdings Pesto. Das alles geschieht nur fünf Minuten vom Feld entfernt in ihrem schmucken, kleinen

Haus mit romantisch verwachsenem Garten. Hier setzte sie auch die ersten Rosenstöcke und begann zu experimentieren. Das ist fast zwölf Jahre her. Mittlerweile ist ihr Zuhause Herstellungsort von über zehn verschiedenen Rosenprodukten, die sie aus Blütenblättern ihrer Bio-Rosen herstellt und vertreibt. Das Rosenpesto ist ihre neuste Erfindung – und ihr erstes salziges Produkt. Aus den vier Kühlschränken im Nebenraum quellen Plastiksäcke, prall gefüllt mit einem dunkelroten Mus. Es ist Rosenmark, der Bestseller ihres Sortiments. Es besteht fast ausschließlich aus geschnittenen Rosenblättern, die mit wenig Wasser und Zucker vermischt und eingekocht werden. Die Paste schmeckt entsprechend intensiv rosig – aber eben, nicht unangenehm, sondern fruchtig.

Eine Wissenschaft für sich

Sie lasse sich gern von ihrer inneren Motivation leiten, sagt Lilo Meier von sich. So hat sie seit ihrem Botanik-Studium schon als Bademeisterin, Musikerin, Tanzlehrerin und Programmiererin gearbeitet. Immer so lange, wie es stimmte. Zurzeit kann sie sich nicht vorstellen, etwas anderes zu machen. Hier spricht eine hoffnungslose Romantikerin, die alles Organische liebt und in ihrer wenigen Freizeit leidenschaftlich Tango tanzt. Wenn es aber um die Produkte- und Rezeptentwicklung geht, kommt die Wissenschaftlerin in ihr zum Vorschein. Dann kocht und experimentiert Lilo Meier, extrahiert, selektiert und destilliert. Sie spricht von Phenylethylalkohol und volatilen Elementen, die bei zu hoher Temperatur verloren gehen. Ihre Produkte entstehen nicht einfach so auf die Schnelle. Vieles ertüftelt sie selbst, passt ihr Verfahren immer wieder an, verbessert die Zusammensetzung. Parallel dazu holt sie sich Rat von Chemikerinnen, Köchinnen oder sie konsultiert den Geschmacksthesaurus. Das Resultat sind immer Produkte, die sie selber liebt. Ihren Rosenbalsamico zum Beispiel trinkt sie, so sehr schmeckt er ihr.

Wenn die Rosen schlafen

Rosen-Spezialitäten von Lilo Meier schmecken weder künstlich noch seifig, sondern je nach Produkt süß-rosig oder rosig-würzig. Und wer einmal davon gekostet hat, ist mit großer Wahrscheinlichkeit ein Fan. „Mein Problem ist, dass die Leute Rosen nicht mit „lecker“ in Verbindung bringen“, sagt die Botanikerin. „Ein Geschmack, den man nicht kennt, sucht man eben auch nicht. Obwohl man ihn ziemlich sicher mag“, musste sie erfahren und das macht die Vermarktung nicht einfacher. In den Wintermonaten, wenn auf den Feldern nichts passiert, kümmert sich Lilo Meier ums Marketing. Zudem bietet sie im Winter vermehrt Caterings an. Das Rosenthema ist beliebt und sie liebt es, ihre Gäste mit mehreren Rosen-Gängen zu verwöhnen. Oft zu einem bestimmten Motto: orientalisch, romantisch oder feierlich. Sie mag etwas mehr Schlaf bekommen in der kalten Jahreszeit, aber langweilig wird es Lilo Meier bestimmt nicht.

'Apothekerrose', Rosa Gallica, 1810. Rosarot, groß, leicht gefüllt, gut duftend. Älteste in Europa kultivierte Sorte.

ROSEN-PORTRÄTS

'Trigintipetala'

'Heritage'

'Alfred de Dalmas'

'Trigintipetala', Damaszener, vor 1689.
Uralte Sorte unbekannter Herkunft, bis zu 2 Meter lange Triebe, die einen überhängenden Strauch bilden. Mittelgroße, hell-rosa gefüllte Blüten in Büscheln mit leicht zerzauster Mitte. Intensiver, süßer Duft. Wird traditionell zur Gewinnung von Rosenöl angebaut. Gut winterhart, robust.

'Heritage', Englische Rose, 1984.
Mittelgroße, kugelige bis schalenförmige Blüten mit starkem Duft. Aufrechter, locker wachsender Strauch mit gesundem Laub. Unkomplizierte Kletterrose bis vier Meter hoch.

'Alfred de Dalmas', Portland Rose, 1855.
Strauch von mittlerer Höhe mit kompaktem Wuchs, gut für Töpfe geeignet, bringt ununterbrochen süß duftende Blüten bis in den Herbst. Die gefüllten Blüten variieren in Weiß und Rosa. Hellgrünes, unempfindliches Laub, robust und gut winterhart. Wer Parfüm-Charakter schätzt, darf sie großzügig dosieren.

Rosen haben rund 800 verschiedene Duft- und Geschmackskomponenten, ca. 200 davon sind leicht flüchtig und können fruchtig, würzig, moschus-, parfüm- oder beerenartig sein. Jede Rosensorte ist in ihrer Komposition einmalig. Je nach ihrer Abstammung kann man Tendenzen feststellen; klassisch rosig, parfüm- und beerenartig duftende Sorten haben europäische, hingegen warm-süß, nussig, erdig-moosig und moschusartig duftende haben asiatische Wurzeln und sind oft mit gelber Blütenfarbe gekoppelt. Entsprechend der sortenspezifischen Dufteigenschaften bieten sich geeignete Kombinationen beim Kochen an. So passen europäische Rosensorten mit herbem Geschmack und rosigem Duft gut zu Erd- und Himbeeren, Äpfeln, Birnen, Trauben und kräftig pikanten Zutaten. Die hierfür verantwortlichen Inhaltsstoffe sind beta-Damascenon und Rosenoxide.
Die gelben chinesischen Teerosen und einige Nachkommen davon sowie Englische Rosen der Leander-Gruppe, die fast keine Bitterstoffe enthalten, passen gut zu Aprikosen, Mangos, Orangen, Zitronen, Grüntee sowie

'Benjamin Britten'

'Felicia'

'Golden Celebration'

'Rose de Resht'

'Louise Odier'

'Charles Austin'

'Comte de Chambord'

'Benjamin Britten', Englische Rose, 1992. Tiefschalenförmige, gefüllte Blüten in Rot, das zur Mitte hin Orange wird. Sehr wüchsiger, resistenter Strauch mit intensivem Duft.

'Felicia', Rosa Moschata, 1928. Zartrosa mit lachsfarbener Schattierung, in Büscheln, guter Duft, sehr gesunde Heckenrose. Öfter blühend, eher kleine Blüten.

'Golden Celebration', Englische Rose, 1992. Dichtgefüllte, sehr große Blüten mit starkem, fruchtigem Duft. Dunkelgrün belaubter Strauch mit überhängenden Trieben.

'Rose de Resht', Damaszener, 1950. Gesunde und dankbare „alte Rose". Hervorragend für Kübel und Balkone geeignet. Kompakt, aufrecht wachsender, dicht belaubter Strauch mit bläulich-graugrünem Laub. Fuchsienrote, rosettenförmige Blüten mit dunkler Mitte und hervorragendem Duft. Blütezeit von Juni bis Herbst, dauerblühend. Gut frosthart.

'Louise Odier', Rosa Borbonica, 1851. Zuverlässig öfter blühender Strauch mit kugelförmigen, sattrosa Blüten und intensivem Duft. Eignet sich hervorragend für Säulen und kleinere Bögen. Eine der beliebtesten „alten Rosen".

'Charles Austin', Englische Rose, 1994. Gut gefüllte, große Blüten mit gutem, fruchtigem Duft. Dunkelgrün belaubter Strauch mit langen Trieben. Robust und frosthart.

'Comte de Chambord', Portlandrose, 1860. Kräftig rosa, dicht gefüllte, stark duftende Blüten trägt diese aufrecht wachsende Strauchrose mit dunkelgrünem Laub. Mehrmals blühend, nicht besonders regenfest, robust, pflegeleicht.

sauren aber milden Zutaten. Hierfür verantwortlich ist 3,5-Dimethoxytoluol.

Ausgesprochene Parfümrosen, die deshalb für die Parfüm- und Körperpflegeindustrie angebaut werden, wie z. B. die *Rosa trigintipetala* oder bestimmte Centifolien verströmen den traditionellen Rosenwasserduft, welchen man aus der türkischen, libanesischen und indischen Küche kennt und entweder liebt oder davor flüchtet. Phenethylalkohol ist darin hochdosiert. Wer also das traditionelle Rosenwasser-Bouquet nicht mag, sollte Parfüm-Rosensorten gering dosieren oder ganz meiden. Essbar sind alle Rosen; sie müssen aber unbehandelt sein! Und damit man überhaupt etwas schmeckt und riecht, sollten sie stark duften. Selbst von stark duftenden Sorten benötigt man große Mengen, um das Aroma spürbar auf den Teller zu bringen. Übrigens sind es auch nur die duftenden Rosen, welche uns auch wohltun und heilen. Was die ayurvedische Weisheit schon seit Urzeiten lehrt, hat wissenschaftliche Forschung jüngst nachweisen können.

Die folgenden Rosenporträts sind Beispiele für wunderbar duftende und robuste Sorten, die man gut biologisch anbauen kann. Desweiteren sind ihre großen, gefüllten Blüten und ihr mehrmaliges Blühen von praktischem Vorteil. Es gibt Abertausende von Rosensorten; wählen Sie nach diesen Kriterien aus!

KOCHEN IST WIE DIRIGIEREN

Ein Rezept ist kein Gesetz, vielmehr die Partitur einer Sinfonie. Wir müssen es nicht befolgen; wir dürfen es interpretieren. Wir hauchen Geist ein mit einen Schuss Rosenrum, akzentuieren das Fortissimo mit Chili, verfeinern das Andante durch Sahne oder phrasieren das Scherzando mit Kichererbsen. Eine Zutat entspricht einer Note, die Verarbeitung dem Spielen. Man kann sie „singen“ oder „schön singen“; nicht lesen und befolgen, sondern probieren, wahrnehmen und anpassen! Nur Sie wissen, wie viel Rose, Zucker, Salz, Pfeffer, Kardamom, etc. Sie mögen. Wenn es heißt: „eine Prise“, bedeutet das einfach „wenig“, aber wie wenig, dürfen Sie selber entscheiden. Wenn da steht „30 Minuten backen“, testen Sie mit der Stricknadel bereits nach 20 Minuten und entscheiden selbst, wie lange das Backgut noch braucht. Je nach Backform, Ofentyp oder Vorliebe ist der Kern mehr oder weniger flüssig. Wählen Sie selbst, ob Sie die Spitzbuben mit zartem Rosengelee oder kräftiger Rosenkonfitüre füllen, ob Sie das Rosenbrot mit salzigem Rosenpesto oder süßem Rosenmark zubereiten.

Kurz: Seien Sie die Dirigentin unserer Rezepte!

KOCHEN UND BACKEN MIT ROSEN

Rosenblütenblätter sind fast körperlos. Sie bestehen aus Wasser, Duft und Liebe – und letztere zwei sublimieren bekanntlich schneller, als es uns lieb ist. „Mit Rosen kochen“ bedeutet also eher „mit Rosen aromatisieren“, vergleichbar mit dem Aromatisieren mit Vanille oder Basilikum. Während Kartoffeln über eine kalorienreiche und erdende Knolle verfügen, die den Körper nährt, zeichnet die Rose eine geschmacksgebende und aphrodisierende Aura aus, die die Seele stillt. Die flüchtigen Komponenten nehmen wir dank deren tiefen Siedepunkt beim Riechen an der frischen Rose wahr, die nicht flüchtigen und schwer löslichen Inhaltsstoffe erst, wenn wir die Rose kochen und essen. Liebe geht also nicht nur durch den Magen, sondern auch am Riechkolben vorbei. Hier ein paar Regeln und Hinweise, die es lohnt, berücksichtigt zu werden:

» Stark duftende Rosen verwenden! Rosen mit wenig oder keinem Duft eignen sich nicht fürs Kochen.

» Rosen frisch verarbeiten! Bereits beim Lagern werden Duftstoffe abgebaut, beim Trocknen bleibt davon praktisch nichts mehr übrig.

» Langes und starkes Erhitzen vermeiden. Flüchtige Duftstoffe gehen verloren, instabile zerfallen. Darum die Rosenzutat, wenn rezepttechnisch möglich, entweder gegen Schluss des Kochvorgangs zufügen oder erst vor dem Servieren.

» Rosenzutat im Kern oder auf der Oberfläche konzentriert einsetzen, statt sie mit der ganzen Masse zu vermengen und zu homogenisieren. Unverdünnt und -vermischt nimmt auch ein wenig sensibilisierter Gaumen die Rose eher wahr. Zudem lässt sich das Rosenaroma beim Verzehren selber dosieren, so wie man's mag (wie die Marmelade im Berliner).

» Wenn Sie Bitterstoffe nicht mögen: gelbe Rosen verwenden oder bei den frischen, roten Rosen den bitteren Blütenblattansatz wegschneiden (ca. 2–3 mm). Bitterstoffe können attraktiv sein, um pikante Speisen mit Rosen zu kombinieren. Zudem sind Bitterstoffe segensreich für die Bauchorgane.

» Mit Konzentraten arbeiten! Duft- und Geschmacksstoffe sind darin hochdosiert. Frische Rosenblätter im Salat sind hübsch als Dekoration, aber der Rosenessig, worin ein Vielfaches von diesen Dekorosen extrahiert ist, gibt dem Salat erst das wahrnehmbare Blütenaroma.

- Produkte aus ganzen Blütenblättern, wie z. B . Rosenmark oder -pesto, enthalten alle ca. 800 Duft- und Geschmacksstoffe, d. h. sowohl die leicht, die mittel als auch die nicht flüchtigen Komponenten (in der Parfümerie spricht man von Kopf-, Herz- und Basisnoten) und haben daher ein ausbalanciertes Rosenaroma im Gegensatz zu einem Extrakt wie Rosensirup oder -balsamico oder einem Destillat wie Rosenwasser, welches nur die leicht flüchtigen Inhaltsstoffe, also die Kopfnoten enthält.
- Je nach Produkt werden also die Duftstoffe mit einer anderen Methode aus der Rose herauslöst, womit eine Duftstoffselektion einhergeht. Durch die Kombination verschiedener Produkte gelangen diese verschiedenen Selektionen wieder in neuer Balance zusammen. Deshalb enthalten viele Rezepte mehrere Rosenprodukte.
- Hände, Messer und Gabel weg von gespritzten Rosen! Pestizide für Zierpflanzen sind nicht zum Verzehr konzipiert. Deshalb ausnahmslos unbehandelte Rosen verwenden!

GRUND-
REZEPTE

*Alle Produkte auch im Onlineshop erhältlich:
www.bluetenschmaus.ch*

Rosenbalsamico

2 l Balsamico bianco, 1 kg Rosenblütenblätter

Die Blätter über mehrere Tage verteilt zugeben, damit diese zusammenfallen und vom Balsamico bedeckt sind. Täglich durchschütteln und nach etwa einem Monat durch ein Sieb abgießen.

*Wer's süß mag, kann Rosensirup nach Belieben dazu mischen.
Haltbarkeit ein Jahr.*

Rosenmark

200 g weißen Zucker, 50 ml Wasser, 4 g Zitronensäure, 100 g frische Rosenblütenblätter

Wasser auf ca. 60 °C erhitzen, Zucker und Zitronensäure zugeben und gut umrühren. Die Rosenblütenblätter fein schneiden und in den Zuckerbrei geben, garen bis sich der Zucker auflöst hat und die Blättchen glasig werden. Einfrieren, kühl stellen oder in Gläser abfüllen und pasteurisieren.

Hält pasteurisiert ein Jahr, tiefgefroren zwei Jahre, kühlgestellt zwei Monate.

Rosenmarmelade

500 ml Rosensirup, 400 g Rosenmark, 100 ml Wasser, 30 g Apfelpektin

Den Sirup und das Mark zusammen erhitzen (nicht kochen). In einem separaten Topf Wasser mit Apfelpektin unter ständigem Rühren zum Kochen bringen. Sirup-Mark dazu gießen, aufkochen, heiß in Gläser abfüllen und verschließen.

Rezept für Rosengelee: kein Rosenmark sondern total 900 ml Rosensirup verwenden. Haltbarkeit ein Jahr.

Rosensirup

1 l Wasser, 1 kg Zucker, 15 g Zitronensäure, 250 g Rosenblütenblätter

Wasser, Zucker und Zitronensäure in einem Topf aufkochen und umrühren bis alles aufgelöst ist. Die Rosenblütenblätter dazugeben und umrühren, bis alle Blätter bedeckt sind. Einen Tag ziehen lassen, filtrieren, abfüllen und pasteurisieren oder einfrieren.

Hält pasteurisiert ein Jahr, kühl gestellt ein Monat.

Rosenpesto

100 g Rosenblütenblätter, 100 ml Olivenöl, 3 EL Rosensirup, 2 EL Rosenmark, 1 EL Rosenbalsamico, 1 EL geriebene Mandeln, 3 EL gehackten Koriander, 3 EL gehackte Petersilie, Salz, Pfeffer, Kardamompulver

Die Rosenblütenblätter fein hacken und 15 Minuten im 80 °C warmen Olivenöl garen. Anschließend abkühlen lassen. Die restlichen Zutaten dazugeben und vermengen. Mit Salz, Pfeffer und Kardamompulver abschmecken.

Pesto aus roten und rosaroten Blütenblättern schmeckt eher herb, aus gelben und orangen eher süß-fruchtig. Hält pasteurisiert ein Jahr, kühl gestellt einen Monat. Möglichst frisch genießen, kalt oder warm.

Rosenvinaigrette

200 ml Rosenbalsamico, 100 ml Olivenöl, 50 ml Rosenwasser, 50 ml Rosensirup, 2 EL Rosenpesto, 1 EL Rosenmark, 2 EL gehackte Petersilie, 2 EL gehacktes Koriander, ½ TL Zitronenabrieb, Salz, Pfeffer, Kardamompulver

Alle Zutaten gut vermischen, mit Salz, Pfeffer und Kardamompulver abschmecken.

Passt zu Linsen-, Dörrbohnen-, Quinoa-, Spargel-Salat, über Avocado, gebratenen Tofu, etc. Kühl lagern, innerhalb eines Monats genießen.

APÉROS

KÄSE-BÄLLCHEN

für ca. 10–12 Stück

2 EL Paniermehl
6 EL Frischkäse
2 TL Rosenmark
1 TL Thymian
1 Prise Kardamompulver
1 Prise Salz
1 Prise Pfeffer

Alles vermengen, kühl stellen, anfrieren und Kugeln formen.

frische Rosenblüten-blätter von Duftrosen

schnipseln und Kugeln darin wenden.

Angerichtet am schönsten mit verschiedenfarbigen Blütenblättern.

WARMER ZIEGENKÄSE MIT PESTO

für ca. 6 Stück

Den Ofen auf 180 °C vorheizen.

150 g Ziegenkäse

in zwei Zentimeter dicke Scheiben schneiden und auf einem mit Backpapier ausgelegten Blech 10 bis 15 Minuten backen.

6 TL Rosenpesto

auf die warmen Käsetaler geben.

Auf einem Salatteller servieren oder zwischen Minibrötchen legen.

HÖRNCHEN MIT CAMEMBERT

für 12 Stück

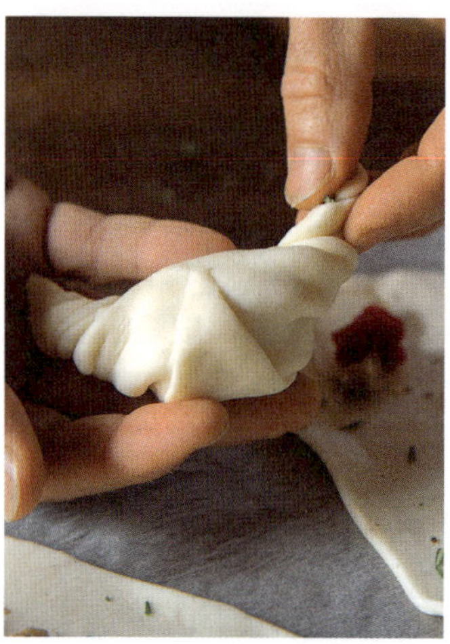

Den Ofen auf 180 °C vorheizen.

1 runden Blätterteig

in zwölf Stücke schneiden.

125 g Camembert

in kleinen, flachen Stücken darauf platzieren.

6 TL Rosenmark

auf den Camembert geben (einen halben Teelöffel pro Hörnchen).

3 TL gehackten Thymian

über alles streuen, Teigdreiecke von außen nach innen aufrollen und die Enden zudrücken. 20 Minuten goldgelb backen.

Birne und Walnuss können diese Komposition lecker ergänzen.

GEFÜLLTE OFENKÜCHLEIN

für 12 Stück

200 ml Wasser

¼ TL Salz

50 g Butter

in einem Topf zusammen aufkochen und vom Herd nehmen.

125 g Weißmehl

dazugeben und verrühren. Dann zurück auf den Herd stellen und mit einer Holzkelle rühren, bis der Teig zu einem Kloß wird.

Den Ofen auf 220 °C vorheizen.

3 mittelgroße Eier

Erstes Ei dazugeben und mit dem Mixer rühren bis die Masse geschmeidig ist. Gleiches Vorgehen mit den anderen Eiern. Mit einem Spritzbeutel Häufchen auf ein Blech spritzen. 15 bis 20 Minuten backen. Währenddessen die Ofentür nicht öffnen! Abkühlen lassen, aufschneiden.

50 g Rosenmark

Circa einen halben Teelöffel pro Küchlein auf den Boden streichen.

200 g Frischkäse

2 TL gehackte Petersilie

1 Prise Salz

3 Prisen Kardamompulver

etwas Zitronenabrieb

Blütenblätterschnipsel von 1 Biorose

Alles vermengen, in die Küchlein spritzen und Deckel aufsetzen.

PESTO CROSTINI

für ca. 20–30 Stück

250 g Mehl (Ruchmehl)

½ Päckchen Trockenhefe oder 10 g Frischhefe

100 ml Wasser

50 ml Olivenöl

½ TL Salz

Alles zu einem Pizzateig kneten, eine Stunde gehen lassen, dann kleine, runde Plätzchen formen und in einer Bratpfanne knusprig braten.

100 g Ricotta

auf die noch warmen Plätzchen streichen.

125 g rotes oder gelbes Rosenpesto

Je einen halben Teelöffel auf den Ricotta geben.

100 g Feta

in Würfel schneiden und auf dem Pesto platzieren.

1 Handvoll Rucola

als Garnierung darüber streuen und servieren.

APÉRO-TÜRMCHEN

für ca. 14–18 Stück

250 ml Rosensirup

10 g Apfelpektin

am Vortag zu Rosengelee kochen und etwa acht Millimeter hoch in einen flachen Teller gießen. Vom fertigen Gelee Scheiben ausstechen.

Den Ofen auf 180 °C vorheizen.

2 Süßkartoffeln

in einen Zentimeter dicke Scheiben schneiden.

1 EL Öl

etwas Zimtpulver

etwas Kardamompulver

Die Kartoffelscheiben einölen, salzen und 15 Minuten backen. Zwischendurch wenden.

schwarze Johannisbeeren

1 Mango

in Scheiben schneiden und zum Kartoffel-Gelee-Mango-Türmchen aufstapeln und mit schwarzer Johannisbeere toppen.

Varianten: Käse-Rose-Birne-Walnuss oder Pumpernickel-Rose-Kiwi, oder frei nach Lust und Fantasie. Die unterste Scheibe kann auch in Mohn oder gemahlene Nüsse getaucht werden.

BLAUKÄSE-DATTELN

für 10 Stück

10 getrocknete Datteln

längs einschneiden und entsteinen.

50 g Blaukäse

3 TL Rosenmark

locker in die Taschen füllen.

Als Blaukäse eignet sich am besten Blue Stilton oder Roquefort.

APÉRO-
SCHNECKEN

für ca. 25–30 Stück

Den Ofen auf 200 °C vorheizen.

20 g Pinienkerne

rösten und fein hacken.

80 g Rosenpesto

1 Blätterteigplatte

Pesto auf die Teigplatte streichen und die Pinienkerne darauf verteilen. Den Teig von beiden Seiten her stramm aufrollen, im Kühlschrank etwas anfrieren lassen und in circa anderthalb Zentimeter dicke Scheiben schneiden. 15 bis 20 Minuten backen.

Perfekt für Überraschungsgäste: einfach als Reserve vorbereiten, im Kühlfach lagern und bei Bedarf in den Ofen schieben.

FEIGE MIT ZIEGENKÄSE

für 4 Stück

Den Ofen auf 180 °C vorheizen.

4 frische Feigen

kreuzweise einschneiden.

40 g Ziegenfrischkäse

in die Feigenschlitze streichen.

1 TL gehackten Thymian

darüber streuen und 15 Minuten backen.

1 EL milden Blütenhonig
1 EL Rosenmark

vermengen, über die Feigen geben und gleich servieren.

VORSPEISEN

ROSENPESTO-BROT

für 1 Brot

500 g Volkornmehl
300 ml Wasser
20 g Hefe
1½ TL Salz

vermengen und Brotteig herstellen. Eine Stunde aufgehen lassen und flach ausrollen.

Den Ofen auf 200 °C vorheizen.

140 g Rosenpesto

auf dem Teig verteilen, einrollen, in ein feuerfestes Glas legen, weitere 15 Minuten gehen lassen und danach 30 bis 40 Minuten backen.

Süße Variante: mit Rosenmark.

DÖRRBOHNEN-SALAT

für ca. 3–4 Portionen

100 g Dörrbohnen
1 TL Meersalz

in einen Topf mit kaltem Wasser geben, aufkochen und 20 bis 25 Minuten leicht kochen lassen. Sofort in kaltem Wasser abkühlen, abtropfen lassen und in eine Schüssel geben.

½ kleine Zwiebel
8 EL Olivenöl

Zwiebel fein hacken und im Öl andünsten.

60 ml Gemüsebouillon

Gedünstete Zwiebel damit ablöschen und kühl stellen.

1 Knoblauchzehe

grob hacken und mit der gedünsteten Zwiebel zu den Bohnen geben.

80 g Walnüsse
200 ml Rosenvinaigrette

über die angerichteten Bohnen verteilen.

Perfekt zu einem Wintermenü wie Raclette. Das Rezept zur Rosenvinaigrette finden Sie bei den Grundrezepten auf Seite 19.

KALTE ROTE-BETE-SUPPE

für ca. 6–8 Portionen

300 g Rote Bete

in stark gesalzenem Wasser garen, dann schälen und pürieren.

100 ml Rosenwasser

200 ml Rosensirup

250 ml frischer Orangensaft

½ TL Kardamompulver

1 Prise Salz

1 Prise Pfeffer

Alles mit dem Rote-Bete-Püree vermengen, mit Salz und Pfeffer abschmecken und abkühlen lassen.

1 Orange

Thymianzweige

3 TL Rosenkonfitüre

Orange in Tranchen schneiden und zusammen mit den Thymianzweigen und der Rosenkonfitüre dekorieren.

Diese Suppe kann auch warm serviert werden.

JAKOBSMUSCHELN MIT ROSENGELEE

für ca. 4 Portionen

250 ml Rosensirup

10 g Apfelpektin

am Vortag zu Rosengelee kochen und etwa ein Zentimeter hoch in einen flachen Teller gießen. Vom fertigen Gelee Zylinder ausstechen.

4 Jakobsmuscheln

beidseitig zwei Minuten sanft anbraten und salzen. Rosengelee-Zylinder vor dem Servieren darauf platzieren.

1 Mango

zur Hälfte für den Mangospiegel pürieren. Die andere Hälfte würfeln und auf den Tellern drapieren.

1 Avocado

in Stücke schneiden und dazu auf den Tellern anrichten, salzen.

Mit Koriandergrün und rosa Pfeffer garnieren.

SALAT MIT POCHIERTER FEIGE *für 4 Portionen*

100 ml Weißwein
100 ml Orangensaft
½ Zimtstange
3 Kardamomkapseln
2 Gewürznelken

in einem Topf aufkochen.

4 Dörrfeigen

im Sud 15 Minuten zugedeckt dünsten, etwas abkühlen lassen und einschneiden.

1 EL Rosenmark
1 EL Blütenhonig

vermengen und in die Feigen füllen.

2 TL Pistazien

rösten, hacken und über den Honig streuen.

200 g gemischten Salat
einige Stängel Kräuter

waschen, anrichten und die Feigen darauf platzieren.

Rosenvinaigrette

darüber geben.

Wenn verfügbar, frische Feigen verwenden. Feigen eignen sich auch hervorragend als Dessert z. B. mit Vanille- oder Saffraneis. Das Rezept zur Rosenvinaigrette finden Sie bei den Grundrezepten auf Seite 19.

QUINOA-SALAT

für ca. 4 Portionen

100 g Quinoa

in Salzwasser gar kochen.

2 EL Rosenwasser

6 Dörraprikosen

in Streifen schneiden und im Rosenwasser zwei Stunden quellen lassen.

½ Gurke

klein würfeln.

1 EL Mohnsamen

Alles zusammen vermengen. Mit Salz und Pfeffer abschmecken.

je 2 EL Rosenvinaigrette

Auf vier Tellern damit einen Spiegel erstellen und den Quinoasalat darauf platzieren.

Erfrischend an heißen Sommertagen. Das Rezept zur Rosenvinaigrette finden Sie bei den Grundrezepten auf Seite 19.

LINSEN-SALAT

für ca. 4 Portionen

Für den Linsensalat:

100 g Belugalinsen

1 Kaffirlimettenblatt

1 Sternanis

1 Gewürznelke

3 Kardamomkapseln

Alles in kaltem Wasser aufkochen, garen, vom Herd nehmen und abgießen.

200 ml Rosenvinaigrette

darüber geben und 20 Minuten ziehen lassen.

1 Apfel

in kleine Würfel schneiden und darunter geben. Mit Salz und Pfeffer abschmecken.

Für das Sellerie-Apfelpüree:

200 g Sellerieknolle

2 Äpfel

klein würfeln.

70 ml Milch

1 Prise Muskat

zusammen in eine Bratpfanne geben. Äpfel und Sellerie darin garen und anschließend pürieren.

2 TL geriebenen Meerrettich

darunter mischen und mit Salz und Pfeffer abschmecken.

Für die Tonka-Rote-Beten:

100 g Rote Bete

in Salzwasser garen, auskühlen, schälen und Kugeln ausstechen.

¼ Tonkabohne

darüber reiben, mit Salz und Pfeffer abschmecken und zusammen mit den Linsen und dem Püree anrichten. Mit Sprossen garnieren.

HAUPTSPEISEN

SAFRAN-TORTILLA MIT HIRSCHFILET

für 4 Portionen

Für die Safran-Tortilla:

400 g festkochende Kartoffeln

1 Apfel

1 Zwiebel

schälen und in dünne Scheiben schneiden.

5 EL Olivenöl

in einer Bratpfanne erhitzen und die Kartoffel- und Zwiebelscheiben circa 15 Minuten auf mittlerer Hitze garen. Anschließend die Apfelscheiben hinzugeben.

6 Eier

1 Briefchen Safran

mit Salz und Pfeffer würzen, verquirlen, über die Kartoffel-, Zwiebel- und Apfelscheiben geben und bei mittlerer Hitze stocken lassen.

Für die Rosen-Kräuterbutter:

100 g weiche Butter

4 EL rotes Rosenpesto

1 TL getrocknete Kräuter (z. B. Thymian, Petersilie)

¼ TL Kardamompulver

mit einer Gabel vermengen, mit Salz und Pfeffer abschmecken und zur Rolle geformt, in Folie gepackt einfrieren.

4 Hirschfilet-Medaillons

mit Salz und Pfeffer würzen, beidseitig je ein bis zwei Minuten in Olivenöl anbraten und mit Rosen-Kräuterbutter und Tortilla servieren. Mit grünem Spargel oder Salatblatt garnieren.

Rosen-Kräuterbutter passt zu kräftigem Fleisch wie Rind, Wild, Lamm.

BUNTER TOFU-KRANZ

für 4 Portionen

1 Avocado

in Scheiben schneiden.

100 g Tofu

mit Salz, Pfeffer und Kardamompulver würzen und in Olivenöl anbraten.

4 Champignons

vierteln, mit Salz und Pfeffer würzen und in Butter kurz anbraten.

4 Cherry-Tomaten

1 Handvoll grüne Salate

4 EL frische Kräuter

in mundgerechte Stücke schneiden bzw. zupfen und alles auf Tellern im Kreis drapieren.

Rosenvinaigrette

darüber geben.

Das Rezept zur Rosenvinaigrette befindet sich bei den Grundrezepten auf Seite 19.

SPARGELTÜRME MIT ROSENPESTO

für 4 Portionen

20 dicke, weiße Spargelstangen

schälen und hölzerne Enden abschneiden.

2 l Wasser

20 g Butter

1 EL Salz

1 EL Zucker

zusammen aufkochen, Spargel knackig gar kochen und abgießen. In unterschiedlich lange Stücke schneiden und diese auf die Teller stellen.

Rosensalz

herstellen. Dafür getrocknete Rosenblütenblätter zusammen mit etwas Salz im Mörser pulverisieren. Auf die Schnittflächen der Spargelstangen streuen.

rotes und gelbes Rosenmark

auf die Teller geben (je einen Teelöffel pro Portion).

4 frische, zarte Estragonzweige

um die Spargelstangen schlängeln.

2 EL Pistazien

rösten, hacken und darüber streuen.

GEMÜSE UND PILZ MIT ROSENSOSSE

für 4 Portionen

½ Zwiebel

fein hacken, in Olivenöl dünsten und von der Herdplatte nehmen.

1 TL Maisstärke

darunter mischen.

100 ml Bouillon

100 ml Weißwein

zugeben und umrühren bis eine klümpchenfreie Soße entsteht. Auf die Hälfte einkochen lassen.

Abrieb 1 Zitrone

4 EL rotes Rosenpesto

1 EL Rosenbalsamico

1 EL gehackte Petersilie

Alles zugeben und mit Salz und Pfeffer abschmecken.

diverse Gemüse, z. B. Blumenkohl, Zucchini, Aubergine

diverse Pilze, z. B. Steinpilz, Champignon, Austernseitling

dünn tranchieren, in Olivenöl braten und salzen. Gemüse und Pilze auf einem Spiegel aus Rosensoße anrichten. Mit Rosenblütenblättern, essbaren Blüten und Kräutern dekorieren.

ZANDER MIT ROSENKRUSTE

für 4 Portionen

Für das Erbsenpüree:

200 g Erbsen

blanchieren und abgießen.

1 Zwiebel

fein hacken, mit den Erbsen andünsten, pürieren und mit Salz und Pfeffer abschmecken.

Für den Zander:

15 g Brotbrösel

25 g Pistazien

rösten und hacken.

40 g Rosenmark

Abrieb 1 Zitrone

10 g Butter

dazugeben und alles vermengen.

4 Zanderfilets

braten, mit Salz und Pfeffer würzen, kurz vor dem Servieren mit der Masse bestreichen und zwei Minuten unter den Grill legen.

Für den Safranschaum:

200 ml Vollmilch

1 Prise Safran

aufkochen und aufschäumen.

Mit dem Erbsenpüree einen Ring formen, auf den Rand den Zander legen und Safranschaum einfüllen. Mit Blüten von Lavendel und Rucola dekorieren.

Anstelle von Zander gibt's noch die vegetarische Variante mit einem Riesenchampignon.

HÄHNCHEN-SPIESSE

für 4 Portionen

2 EL Olivenöl

in einer Bratpfanne erhitzen.

4 Hähnchenschnitzel

mit Salz und Pfeffer würzen und auf Spießen geschlängelt darin anbraten.

2 TL Rosenmark
2 TL Honig

zusammen vermengen und darüber geben (je einen Teelöffel pro Spieß).

150 g Kürbisfleisch

garen, pürieren, mit Salz und Pfeffer würzen und als Spiegel auf die Teller gießen.

100 g Zucchini
100 g Möhren

in kleine Stücke schneiden, braten, mit Salz und Pfeffer würzen und auf den Spiegeln mit den Spießen anrichten.

Mit Trauben, Himbeeren, Cherry-Tomaten, Sprossen, Rosenblütenblättern, Kräutern und Croûtons garnieren.

KALBSHAXE „OSSO ROSSO“

für 2 Portionen

2 EL Olivenöl

in einer Bratpfanne erhitzen.

2 Kalbshaxen

darin scharf anbraten. Anschließend herausnehmen und mit Salz und Pfeffer würzen.

1 Zwiebel

fein gehackt im Bratenfond dünsten und mit etwas Salz abschmecken.

200 ml Weißwein

Zwiebeln damit ablöschen. Kalbshaxe hineingeben und eine Stunde bei kleiner Hitze schmoren lassen.

Abrieb 1 Zitrone

dazugeben.

4 EL Rosenwasser

1 EL Rosenbalsamico

1 EL Rosenmark

in die Soße mischen und mit Salz, Pfeffer und Kardamompulver abschmecken. Soße in zwei Teller geben und das Fleisch darauf legen. Mit Thymian, gehackten Pistazien, Zitronenabrieb, Rosenblütenblättern und Rosenpuder garnieren.

KARTOFFELGRATIN MIT GEMÜSE

für 2–4 Portionen

500 g festkochende Kartoffeln

ungeschält vorkochen. Nicht zu weich! Anschließend schälen und in einen Zentimeter dicke Scheiben schneiden.

200 ml warme Bouillon

Kartoffelscheiben darin einlegen und eine Stunde ziehen lassen.

Den Ofen auf 180 °C vorheizen.

1 Ei

100 ml Sojarahm/Rahm

1 TL Kartoffelstärke

etwas Salz

etwas Pfeffer

1 Prise Kardamompulver

Alles zusammen verquirlen.

140 g rotes Rosenpesto

Lagenweise Kartoffeln und Pesto in einer Gratinform schichten. Zum Schluss Sojarahmguss einfüllen und 15 Minuten backen. Mit Saisongemüse, Kräutern und Blüten dekorieren.

WILD-
TELLER

für 4 Portionen

4 × 200 g Hirschfilet

salzen, in Olivenöl beidseitig anbraten und warm stellen.

300 ml Rotwein

1 Zweig Rosmarin

6 Kardamomkapseln

in eine Bratpfanne geben, Fond auflösen und um die Hälfte einkochen.

25 g dunkle Schokolade

darin auflösen und mit Salz und Pfeffer abschmecken.

1 Steinpilz

dünn tranchieren, in Olivenöl braten und salzen.

Für die Kürbis-Nocken:

200 g Kürbispüree

2 Blatt Gelatine

Die in Wasser aufgelöste Gelatine mit dem Püree mischen, mit Salz und Pfeffer würzen und drei Stunden kühl stellen.

Fürs Hagebutten-Chutney:

100 g entkernte Hagebutten

1 kleine gehackte Zwiebel

1 TL Rohrzucker

100 ml Weißwein

Alles mit etwas Chili und Salz einkochen bis die Hagebutten weich sind.

Für die Rosen-Birnen

100 ml Weißwein

6 Kardamomkapseln

aufkochen.

2 Birnen

Zylinder ausstechen und im Sud 30 Minuten ziehen lassen.

40 g Rosenmark

zum Anrichten unter und auf die Zylinder geben.

GEFÜLLTE HÜHNCHENBRUST

für 4 Portionen

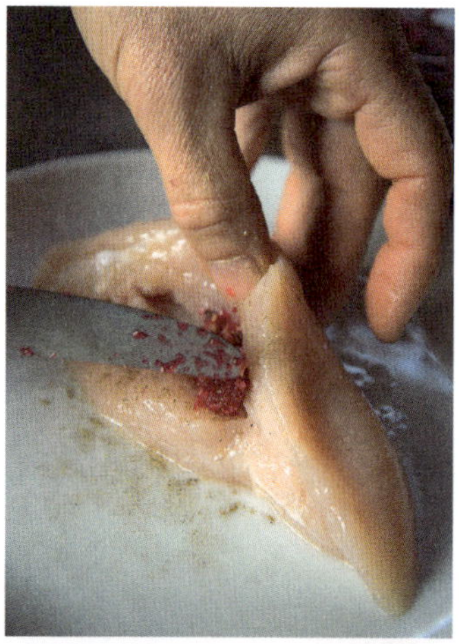

4 Hühnerbrüstchen

längs aufschneiden und eine Tasche bilden.

1 Zitrone

auspressen und die Taschen innen mit dem Saft beträufeln. Außen mit Salz, Pfeffer und Kardamompulver würzen.

je 1 TL Rosenmark

einfüllen und die Taschen mit Zahnstochern verschließen und bei niedriger Hitze sorgfältig braten. Anrichten und den entstandenen karamelisierten Fond darüber geben. Mit Zitronenabrieb garnieren.

150 g Erbsen

anbraten, garen, pürieren und mit Salz und Pfeffer würzen.

150 g Saisongemüse

in Scheibchen schneiden, dünsten, mit Salz und Pfeffer abschmecken und auf dem Erbsenmus drapieren. Mit Blütenblättern dekorieren.

Dazu Zitronenreis servieren. Anstelle von Erbsen können auch Pastinaken verwendet werden.

DORADE GEBACKEN

für 2 Portionen

Den Ofen auf 200 °C vorheizen.

2 Doraden

waschen, trocken tupfen, innen salzen und in eine eingeölte Kasserole legen.

je 2 EL Rosenmark

in den Fisch einfüllen.

je 3 Orangenscheiben

je 1 Rosmarinzweig

hineinschieben.

1 Gurke

in Scheiben schneiden. Mit Rosmarin um die Doraden herum legen, mit Salz und Pfeffer würzen und 20 Minuten backen.

GOLDBUTT AUF ROSEN-CHUTNEY

für 2 Portionen

Für das Chutney:

¼ Frühlingszwiebel

fein hacken.

1 EL Kokosfett

in einem Topf erwärmen und die gehackte Zwiebel darin andünsten.

5 Aprikosen

grob würfeln, dazugeben und weich köcheln. Auskühlen lassen.

2 EL Rosenmark

2 EL Rosenwasser

etwas Kardamompulver

dazu mischen und mit Salz und Pfeffer abschmecken.

Für den Goldbutt:

1 EL Kokosfett

2 Goldbuttfilets

Fett in einer Bratpfanne erhitzen, den Fisch darin braten und mit Salz und Pfeffer würzen. Auf dem Chutney servieren. Mit Dillzweigen und Zitronenabrieb garnieren.

Alternativen zum Kokosfett: Aprikosenkernöl oder Zitronen-Olivenöl.

ROSEN-RAVIOLI

für 2 Portionen

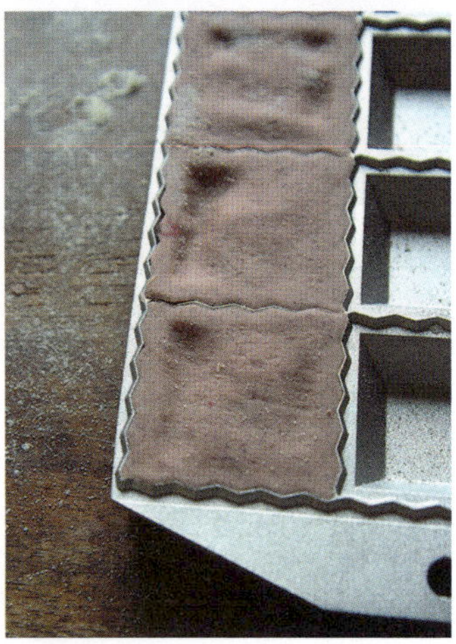

100 g Farine-Mehl
200 g Weißmehl
3 Eier
3 EL Rosenpuder

zusammenmischen und zu einem Teig verkneten, eventuell ein wenig Wasser zugeben und 30 Minuten ruhen lassen. In zwei Teile schneiden und ausrollen. In einer Nudelmaschine dünne Teigflächen erstellen und über eine Ravioliform legen.

je ½ TL Rosenpesto
je ½ TL Ricotta

in die Vertiefungen einfüllen (nicht vermischen). Zweite Teigplatte auflegen und andrücken. Dann entlang der Ränder die einzelnen Ravioli abtrennen und circa fünf bis sieben Minuten in kochendem Salzwasser garen bis sie an die Oberfläche schwimmen.

4 EL Pinienkerne

rösten und über die auf zwei Tellern angerichteten Ravioli geben.

4 EL Petersilie

fein hacken und ebenfalls darüber geben.

Abrieb 1 Zitrone

über die Ravioli streuen.

Nach Belieben Zitronen-Olivenöl über die angerichteten Ravioli geben.

Alternativ: Nudelteig mit Safran statt Rosenpuder, gleiche Garnitur, aber je einem Teelöffel Rosenpesto als Füllung.

SAFRANNUDELN MIT ROSENPESTO

für ca. 4 Portionen

300 g Weißmehl

100 g Hartweizenmehl (Knöpflimehl, Granoduro)

1 Briefchen Safran

4 zimmerwarme Eier

zusammenmischen und zu einem Teig verkneten, eventuell ein wenig Wasser zugeben und 30 Minuten bei Zimmertemperatur ruhen lassen. Mit einer Nudelmaschine zu Teigplatten und schließlich zu breitbandigen Nudeln verarbeiten. Auf Kleiderbügeln zwei Stunden zum Trocknen aufhängen. In gut gesalzenem, kochendem Wasser circa drei Minuten ziehen lassen und probieren bis die gewünschte Bissfestigkeit erreicht ist.

140 g Rosenpesto

2 EL geröstete Pinienkerne oder Pistazien

Thymianzweige

2 EL Zitronenabrieb

2 EL Zitronen-Olivenöl (Olivenöl mit einigen Tropfen Zitronenessenz)

darüber verteilen und sofort servieren.

Rotes Pesto schmeckt herb, das gelbe eher süß.

FILET IM ROSENMANTEL

für 4 Portionen

Den Ofen auf 200 °C vorheizen.

1 Schweinefilet

1 TL Kardamompulver

1 TL Salz

Das Filet würzen, anbraten und aus der Bratpfanne nehmen.

Abrieb 1 Zitrone

über das Filet streuen.

1 eckigen Blätterteig

auslegen.

100 g Rohschinken oder Rohspeck

auf den Teig legen.

2 Äpfel, z. B. 'Boskop'

in hauchdünne Scheiben schneiden und auf dem Speck auslegen.

130 g Rosenmark

auf der Apfelschicht verteilen. Filet auf das Rosenmark legen und einwickeln, 10 bis 15 Minuten im Ofen fertig garen.

SAFRAN-GNOCCHI

für ca. 4–6 Portionen

800 g Kartoffeln

in einem Dampfkochtopf garen, warm schälen und durch die Flotte Lotte pürieren.

200 g Mehl

2 Eier

1¼ TL Salz

1 Briefchen Safran

Alles mit den Kartoffeln vermengen und 30 Minuten kühl stellen. Anschließend fingerdicke Rollen formen und in drei Zentimeter dicke Stücke schneiden.

2 l Salzwasser

zum Kochen bringen. Die Gnocchi portionenweise darin circa zwei Minuten köcheln lassen bis sie an die Oberfläche steigen. Abschöpfen.

2 EL Butter

in einer Bratpfanne erhitzen, Gnocchi kurz anbraten und anrichten.

rotes Rosenpesto

leicht erwärmen und je einen Esslöffel pro Teller zu den Gnocchi servieren.

GEMÜSECRÊPES MIT ROSENKONFITÜRE

für ca. 6–8 Stück

120 g Mehl
3 Eier
30 g Butter
250 ml Milch
1 Prise Salz

Alles zu einem weichen Teig verrühren. Dünn in einer Bratpfanne beidseitig zu Crêpes backen und warmstellen.

2 Quitten
2 Äpfel
200 g Butternut-Kürbis

schälen, entkernen und in kleine Würfel schneiden.

1 EL Butter

Gemüse und Obst darin anbraten und mit Salz und Pfeffer würzen.

100 ml Weißwein

Gemüse und Obst damit ablöschen. Zugedeckt al dente dünsten.

1 EL Rosenwasser

zugeben.

je 1 EL Rosenkonfitüre

auf die Crêpes streichen. Die Füllung darauf verteilen und einklappen.

Mit frischen Kräutern und Sesam garnieren.

DESSERTS

SACHERTORTE VERLIEBT

für 1 Torte

Den Ofen auf 170 °C vorheizen.

140 g Butter
110 g Zucker
1 Päckchen Vanillezucker
1 TL Kardamompulver

zusammen schaumig rühren.

6 Eigelb

langsam dazugeben, schaumig rühren.

130 g dunkle Schokolade

schmelzen und in die Masse einrühren.

6 Eiweiß
1 Prise Salz

steif schlagen.

110 g Zucker

dazurieseln, unterrühren.

140 g Mehl

und den Eischnee sanft unter die Eigelbmasse ziehen, alles zusammen in eine ausgebutterte Springform füllen und 50 bis 60 Minuten backen. Ausgekühlten Biskuitboden waagerecht zweimal durchschneiden.

250 ml Rosensirup

Die drei Teigrondellen mit dem Sirup tränken.

125 g Rosenkonfitüre

Die untere Rondelle mit Konfitüre belegen und eine weitere Rondelle auflegen.

200 g Himbeeren

am Rand entlang aufreihen.

250 ml Schlagsahne

steif schlagen und auf der zweiten Ebene verteilen und die dritte Rondelle aufsetzen.

100 g dunkle Kuvertüre

erwärmen und die Torte damit überziehen.

PETIT FOURS D'AMOUR

für ca. 15–20 Stück

250 ml Rosensirup
10 g Apfelpektin

Am Vortag Rosengelee kochen, dann circa einen Zentimeter hoch in einen flachen Teller gießen.

2 Eier

sehr schaumig rühren.

80 g Zucker
1 Prise Salz
1 Päckchen Vanillezucker

zugeben, sehr schaumig rühren.

Den Ofen auf 180 °C vorheizen.

80 g Mehl
2 TL Backpulver
25 g Kartoffelstärke
3 EL Kakaopulver

Alles sieben, in zwei Etappen unterziehen und den Teig einen Zentimeter dick auf ein Backblech ausstreichen. 20 Minuten backen und zugedeckt auskühlen lassen.

3 EL Rosensirup
1 EL Rosenrum oder Cognac
1 EL Rosenwasser

mischen. Aus Bisquit und Gelee drei Zentimeter große Kreise ausstechen. Bisquit mit dem Gemisch beträufeln und Türmchen aufschichten: Bisquit-Gelee-Bisquit.

200 g dunkle Kuvertüre

schmelzen und die Türmchen damit überziehen. Sobald sie fest ist, auch den Boden in die Kuvertüre tunken. Getrocknete Rosenblütenblätter mit Kuvertüre aufkleben.

CHEESECAKE MIT ROSENBEEREN

für ca. 12–16 Portionen

Den Ofen auf 160 °C vorheizen.

200 g Vollkornbiskuit

zerkrümeln.

75 g Butter

zusammen mit den Krümeln verkneten und auf den Boden einer gefetteten Kuchenform ausstreichen. Acht Minuten backen und auskühlen lassen.

100 g Himbeeren

100 ml Rosensirup

zusammen einlegen.

700 g Magerquark

400 g Frischkäse

3 Eier

1 Päckchen Vanillezucker

125 g Rohrzucker

Abrieb 1 Zitrone

2 EL Orangenblütenwasser

1 Prise Salz

⅓ TL Kardamompulver

1 Prise Zimtpulver

Alles vermengen und auf den Tortenboden schichten. Rosenbeeren zu unterst, dann die Masse darauf verteilen. 40 Minuten jetzt bei 180 °C backen. Mit Rosenpuder dekorieren.

Statt einer Torte, können auch einzelne Portionen in feuerfesten Gläsern gemacht werden.

BIRNEN-TARTELETTES

für 8 Stück

125 g Vollkornmehl
40 g Zucker
70 g Butter
1 Ei

Alles zusammen zu einem Mürbeteig kneten, 30 Minuten kühl stellen, dann ausrollen und acht Rondellen ausstechen.

Den Ofen auf 180 °C vorheizen.

120 g Rosenmark

auf die Rondellen streichen.

4 Birnen, z. B. 'Gute Luise'

halbieren, Gehäuse ausstechen, auf die Rondellen legen und 20 bis 30 Minuten backen.

50 g dunkle Schokolade

schmelzen, die noch lauwarmen Tartes hinein tauchen und noch warm servieren.

Alternativ kann die Birne auch in Scheiben geschnitten aufgelegt werden.

SCHOKO-ROSEN-CUPCAKES

für ca. 10–12 Stück

Den Ofen auf 180 °C vorheizen.

100 g dunkle Schokolade
100 g Butter

zusammen schmelzen.

100 g geriebene Haselnüsse

anrösten.

100 g Rohrzucker
1 TL Kardamompulver
1 Prise Zimtpulver
1 Päckchen Vanillezucker
1 Prise Salz
3 Eier

Alles verrühren und Cupcakeformen damit halb befüllen.

je ½ TL Rosenmark

mittig platzieren und die Restmasse auffüllen. 30 Minuten backen (muss noch sehr feucht sein im Kern).

160 g zimmerwarme Butter
500 g Puderzucker

zusammen verrühren.

2 EL Rosenwasser
70 g Rosenmark

von Hand untermengen und die Masse mit einem Spritzbeutel auf die Cupcakes geben.

SCHOKO-LAVA-CAKE

für ca. 6–10 Stück

Den Ofen auf 190 °C vorheizen.

200 g Zartbitterschokolade

125 g Butter

im Wasserbad schmelzen.

7 Eier

6 EL Zucker

zusammen aufschlagen.

50 g Mehl

Alles zusammen verrühren und Förmchen halb befüllen.

je 1 TL Rosenmark

mittig platzieren, und 15 Minuten backen. Sofort servieren.

Dazu passt Sauerrahm-Eis.

ZITRONEN-TARTE

für 1 große oder 8 kleine Tartes

Den Ofen auf 175 °C vorheizen.

150 g Mehl

80 g Butter

1 EL Zucker

1 Prise Salz

1 Prise Zimt

2-3 EL Wasser

Alles zu einem Teig mischen und 30 Minuten im Kühlschrank ruhen lassen.
Dann den Teig ausrollen, in eine gefettete Springform legen und 20 Minuten im Ofen vorbacken.

250 g Zucker

100 g Butter

Abrieb von 4 Zitronen

Saft von 4 Zitronen

5 Eigelb

1 Prise Salz

Alles zusammen in einem großen Topf gut mischen. Bei mittlerer Hitze und unter ständigem Rühren mit dem Schneebesen zum Stocken bringen, vom Herd nehmen, abkühlen lassen.

100 g Rosenmark

auf dem vorgebackenen Teig verteilen, Zitronencreme darauf geben. Bei 190 °C 15 Minuten backen.

2 Eiweiß

steif schlagen.

100 g Zucker

zugeben, weiterrühren, Tarte aus dem Ofen nehmen, mit Spritzbeutel Meringue-Baiser aufspritzen, weitere 5 Minuten backen.

APFEL-ROSEN KÜCHLEIN

für 4 Stück

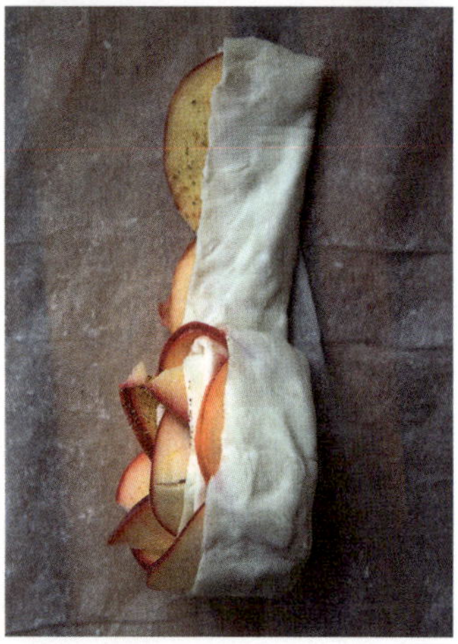

Den Ofen auf 200 °C vorheizen.

1 eckigen Blätterteig

auslegen und längs in vier circa sechs Zentimeter breite Bahnen schneiden.

6 EL Rosenkonfitüre

auf die Teigbahnen streichen.

2 Äpfel

halbieren, Gehäuse ausstechen, knapp einen Millimeter dünne Scheiben schneiden, circa zehn Stück sich zur Hälfte überlappend jeweils auf die halbe Teigbahn legen.

1 EL Zucker

1 TL Kardamompulver

etwas Salz

über den Teig und die Äpfel streuen. Dann die Bahnen längs zusammenklappen, aufrollen, in gefettete Muffin-Förmchen stellen und 25 Minuten backen.

4 TL Rosenkonfitüre

nach dem Backen aufstreichen. Warm servieren.

ROSIGE SPITZBUBEN

für ca. 50 Stück

250 g Butter
125 g Puderzucker
1 TL Vanillezucker
1 Prise Salz

verrühren bis die Masse hell ist.

1 Eiweiß

aufschlagen und darunter rühren.

350 g Mehl

beifügen, zu einem Teig verarbeiten und eine Stunde kühl stellen.

Den Ofen auf 200 °C vorheizen.

Den Teig zwei Millimeter dick ausrollen und Kreise mit und ohne Herz ausstechen. Sechs bis acht Minuten backen und anschließend auskühlen lassen.

200 g Rosenkonfitüre oder -gelee

auf die Böden streichen und die Deckel mit Herz auflegen. Mit Rosenpulver gemischtem Puderzucker darüber sieben.

SAFRAN CANTUCCINI

für ca. 20–30 Stück

Den Ofen auf 190 °C vorheizen.

2 Eier

200 g Zucker

1 Briefchen Safran

1 Prise Salz

Alles zusammen schaumig rühren.

200 g Weißmehl

1 TL Backpulver

darunter rühren.

200 g Pistazien

rösten und zum Teig geben. Die Hände mit kaltem Wasser benetzen. Den Teig zu zwei langen, flachen Laiben formen. 25 Minuten backen und danach sofort in eineinhalb Zentimeter dicke Stücke schneiden. Den Ofen auf 130 °C reduzieren und die Stücke noch zehn Minuten zum Trocknen reinschieben.

125 g Rosenkonfitüre

Cantuccini hineindippen.

ROSEN-SCHOKO-FUDGE

für 15–20 Stück

80 g weiche Butter
120 g Rosenmark
½ TL Vanillezucker
½ TL Kardamompulver
1 Prise Salz
80 g Kakaopulver

vermengen.

70 g gemahlene Mandeln
70 g gehackte Pistazien

darunter mischen und dann eineinhalb bis zwei Zentimeter hoch in eine Form gießen.

2 TL getrocknete Rosenblütenblättchen

darüber streuen, leicht andrücken und kühl stellen. Dann in Quadrate schneiden und kühl servieren.

ROSEN-MACCARONS

für ca. 45 Stück

Den Ofen auf 130 °C Umluft vorheizen.

200 g geschälte Mandeln

fein mahlen.

240 g Puderzucker

4 Msp. Backpulver

zusammen mit den gemahlenen Mandeln mischen.

4 Eiweiße

rote Lebensmittelfarbe oder Rote-Beete-Saft

2 Prisen Salz

steif schlagen und die Mandelmasse unterziehen. Die Masse in einen Spritzbeutel füllen und kleine Häufchen spritzen. 18 Minuten backen und auf einem Gitter auskühlen lassen.

30 g Mandelmus

130 g Rosenmark

zusammenmischen, jeweils einen Maccaron damit bestreichen und einen anderen aufsetzen.

ROSEN-
SCHOKOKUSS

für ca. 10 Stück

Für die Waffelböden:

50 g Mehl

50 g Zucker

100 g Eier

verrühren und im Waffeleisen knusprig ausbacken. Vier Zentimeter große Kreise ausstechen. Alternativ fertige Waffeln verwenden.

Für die Füllung:

100 g Eiweiß

1 Prise Salz

zusammen nicht ganz steif schlagen.

80 g Zucker

80 ml Rosensirup

zusammen zu 120 °C heißem Sirup kochen und langsam unter die Eiweißmasse rühren. Drei Minuten weiterrühren. In einen Spritzbeutel mit breiter Tülle füllen.

50 g Rosenkonfitüre

auf die Waffelböden streichen, dann Eiweißmasse darauf spritzen und zehn Minuten im Kühlschrank auskühlen lassen.

Für den Überzug:

200 g dunkle Kuvertüre

bei circa 32 °C schmelzen und die Eiweißtürme damit übergießen.

18 g getrocknete, ganze Rosenblütenblättchen

1 TL getrocknete, pulverisierte Rosenblütenblättchen

zur Dekoration der noch nassen Türmchen verwenden.

ROSEN-TIRAMISU

für ca. 10–12 Stück

20 Löffelbiskuits

in einer Form als Boden auslegen.

100 ml Rosensirup

20 ml Wasser

20 ml Rosenrum oder Cognac

mischen und über die Biskuits geben.

4 Eiweiß

1 Prise Salz

zusammen steif schlagen.

4 Eigelb

3 EL Zucker

in separater Schüssel aufschlagen bis die Masse dicklich und hell ist.

500 g Mascarpone

unterziehen, danach den Eischnee unterheben und die halbe Masse auf den Biskuits verteilen.

100 g Rosenmark

darauf verteilen. Die Restmasse darüber geben und kühl stellen.

30 g Rosenpuder

vor dem Servieren darüber streuen. Alternativ Kakaopulver oder Rosenblüten-Schnipsel verwenden.

ORANGEN MIT ROSENSCHAUM

für ca. 4–6 Portionen

4 Orangen

filetieren.

250 ml Rosensirup

Darin die Orangen einlegen und zwei Stunden ziehen lassen. Mit dem Sirup in Gläsern anrichten.

200 ml Vollmilch

erwärmen.

1 TL Rosenwasser

zugeben. Zusammen auf 60 °C erwärmen und aufschäumen. Über die Orangen geben.

1 EL Pistazien

getrocknete Rosenblütenblätter

zum Dekorieren einsetzen.

SAFRANBIRNE MIT SCHOKOLADE

für ca. 4 Portionen

4 Birnen
(z. B. 'Gute Luise')

schälen, den Stiel dran lassen.

400 ml Weißwein

½ Briefchen Safran

100 ml Rosensirup

6 Kardamomkapseln

zusammen aufkochen bis die Birnen halb weich sind. Über Nacht ziehen lassen. Anschließend halbieren und das Kerngehäuse ausstechen.

je 1 EL Rosenmark

einfüllen und auf Tellern drapieren.

4 EL dunkle Schokolade

schmelzen und über die Birnenhälften träufeln.
Mit Rosmarin und gehackten Pistazien garnieren.

Der Safran-Rosen-Sirup kann danach mit Rosenwasser aromatisiert und in Prosecco gegeben werden!

ROSEN-BRATÄPFEL

für 4 Portionen

Den Ofen auf 180 °C vorheizen.

4 Äpfel

Deckel abschneiden und Kerngehäuse aushöhlen.

2 EL Haselnüsse

rösten und hacken.

2 EL Mandelstifte

2 EL Rosinen

4 EL Rosenkonfitüre

1 TL Kardamompulver

1 TL Zimtpulver

vermengen.

4 TL Rosenmark

in die Äpfel geben (je einen halben Teelöffel pro Apfel), Nussmasse auffüllen und 30 Minuten backen.

50 g Eiweiß

1 Prise Salz

zusammen steif schlagen.

100 g Zucker

unterrühren. Äpfel aus dem Ofen nehmen. Ofentemperatur auf 220 °C erhöhen. Meringehaube aufspritzen und zehn Minuten fertig backen.

4 EL Rosensirup

vor dem Servieren darüber geben.

ROSEN-MOUSSE

für ca. 4 Portionen

100 g gemahlene Mandeln
500 ml Milch
50 g Zucker
1 TL Vanillezucker

aufkochen und zehn Minuten ziehen lassen. Anschließend filtrieren.

5 Blatt Gelatine

einweichen, zur Masse geben und auflösen lassen.

3 EL Rosenwasser

zugeben und die Masse gelieren lassen.

150 ml Sahne

steif schlagen und unter die Masse ziehen. In Förmchen oder eine Schüssel (für Nocken) gießen und vier Stunden kaltstellen.

250 g Erdbeeren

halbieren.

250 ml Rosensirup

Die Beeren darin ziehen lassen und beim Servieren als Soße über die Nocken geben. Mit Himbeeren und schwarzen Johannisbeeren dekorieren.

MILCHREIS MIT ROSEN

für 4 Portionen

500 ml Milch oder Reismilch

aufwärmen.

150 g Basmatireis

1 EL Butter

Butter in einem Topf schmelzen und den Reis darin glasig dünsten. Dann die warme Milch dazugeben, salzen und gar kochen.

1 EL Zucker

3 EL Rosenwasser

dazugeben, vermengen und ziehen lassen.

4 EL Rosenkonfitüre

auf vier Dessertschalen verteilen und den warmen Milchreis darüber geben.

4 TL Pistazien

in einer Bratpfanne rösten, hacken und darüber streuen.

4 TL Rosenblütenblätter

darüber geben. Wenn keine Frischen zur Hand, dann Getrocknete.

SCHWARZES SESAM-EIS

für ca. 8 Kugeln

100 g schwarze Sesamkörner

in einer Bratpfanne anrösten und abkühlen lassen, anschließend im Mörser oder Mixer zu Paste verarbeiten.

5 Eigelb

100 g weißen Zucker

dickschaumig aufschlagen.

250 ml Vollmilch

200 g Schlagsahne

in einem Topf erhitzen, nicht kochen. Sesampaste und Eimasse langsam in die Milchmischung einrühren. Abkühlen lassen und in eine Eismaschine geben.

100 g Rosenmark

Halbgefrorene Eismasse in einen Behälter füllen, mit Rosenmark bestreichen und mit einer Gabel durchziehen, um eine Marmorierung zu erhalten.

Tipp: Mit dem übrig gebliebenen Eiweiß Meringue oder Maccarons zaubern.

QUITTEN-EIS

für ca. 6–10 Kugeln

1,5 kg Quitten

1 Zitrone

Quitten waschen, schälen, entkernen und in große Stücke schneiden. Zusammen mit Stücken der Zitronenschale circa 45 Minuten in einen halben Liter Wasser gar kochen, filtrieren und die Quittenstücke durch ein Sieb streichen.

Abrieb einer ½ Zitrone

½ TL Kardamompulver

1 Prise Salz

2 EL Rosensirup

mit dem Quittenmus vermengen. Auf Süße abschmecken. Abkühlen lassen.

200 ml Sahne

steif schlagen und unterziehen. In eine Eismaschine geben und frieren lassen oder im Eisschrank einfrieren und ein- bis zweimal mit dem Pürierstab fein pürieren.

4 EL Rosenmark

unter die noch knapp weiche Masse ziehen, sodass ein Marmoreffekt entsteht. Fertig frieren.

ROSEN-HIMBEER-SORBET

für ca. 4–8 Kugeln

250 ml Rosensirup
250 ml Mineralwasser
4 EL pürierte Himbeeren
130 g Rosenmark

vermischen und in eine Eismaschine geben.

100 ml Prosecco

jeweils in ein gekühltes Glas geben und je eine Kugel Sorbet zufügen.

1 EL Pistazien

rösten, hacken und darüber geben.

Wer keine Eismaschine hat, gießt die Masse in ein Gefäß und lässt sie bei gelegentlichem Umrühren im Gefrierfach gefrieren.

WASSERMELONE-ROSEN-SORBET

für ca. 6–8 Kugeln

500 g Wassermelone

pürieren und durch ein Sieb streichen.

200 ml Rosensirup
100 ml Rosenwasser

zugeben, anfrieren und zweimal pürieren vor dem Fertigfrieren.

Serviervorschlag: Als Partyhit in ausgehöhlter Melone servieren.

PERSISCHES SAFRAN-EIS

für ca. 20 Kugeln

700 ml Milch

170 g Zucker

zusammen in einem Topf erhitzen.

½ TL Safran

¼ TL Kardamompulver

hinzufügen.

1 TL Maisstärke

175 ml Milch

mischen, hinzufügen, zehn Minuten kochen, dann den Topf vom Herd nehmen, die Masse erkalten lassen und in eine Eismaschine geben.

4 EL Rosenwasser

450 ml Schlagsahne

hinzufügen, frieren lassen.

je 1 TL Rosenmark

zu jeder Kugel servieren und mit gehackten Mandeln oder Pistazien bestreuen.

KANDIERTE ROSEN-BLÜTENBLÄTTER

für ca. 30 Stück

1 Eiweiß

1 TL Rosenwasser

zusammen verquirlen.

300 g feinkörnigen Zucker

3 Bio-Duftrosenblüten

Blütenblätter abzupfen, Blütenblätter beidseitig mit Eiweißmasse dünn und deckend bepinseln. In den Zucker legen, wenden. Auf Backpapier legen und lufttrocknen lassen.

Die kandierten Rosen sind eine wunderschöne Dekoration auf Desserts und Torten. Auch ganze Rosenblüten lassen sich auf diese Weise kandieren, dann zum Trocknen am Stiel aufhängen.

ROSEN-
GELEE

für 10–16 Stück

50 ml Wasser

15 g Apfelpektin

zusammen aufkochen und dabei ständig mit einem Schneebesen umrühren.

250 ml heißen Rosensirup

dazugeben, zusammen aufkochen, einen Zentimeter tief in einen Teller gießen und erstarren lassen. Dann mit Plätzchenformen Herzen oder Kreise ausstechen.

200 g Zucker

Herzen darin wenden.

TRUFFES À LA ROSE

für ca. 60 Stück

200 g dunkle Kuvertüre

auf 52 °C erwärmen, auf 28 °C abkühlen und wieder auf 32 °C erwärmen. Alles unter sanftem Rühren. Die Masse in Pralinen-Silikonformen (Hohlförmchen) gießen. Alternativ: fertige Hohlkugeln kaufen.

Für die Canache:

100 g dunkle Kuvertüre

50 ml Sahne

Sahne aufkochen, von der Herdplatte nehmen und die Kuvertüre dazugeben. Unter sanftem Rühren auflösen. Abkühlen lassen.

Für die Rosenfüllung:

130 g Rosenmark

20 g Mandelmus

zusammen vermengen, mit einem Spritzbeutel bis zur Hälfte in die Hohlkugeln spritzen. Canache ebenfalls mit dem Spritzbeutel darüber füllen. Im Kühlschrank 15 Minuten erkalten lassen. Mit flüssiger, ca. 32 °C warmer Kuvertüre verschließen und im Kühlschrank auskühlen und härten lassen.

Falls fertige Hohlkugeln verwendet wurden: 150 Gramm dunkle Kuvertüre auf 32 °C erwärmen (wie oben beschrieben). Hohlkugeln darin tauchen, auf ein Gitternetz legen und eine Minute warten. Herum rollen bis rundum Zipfel entstehen. Als Dekoration sofort ein getrocknetes Rosenblütenblatt aufkleben und auskühlen lassen.

GETRÄNKE

ROSEN-BOWLE

für ca. 10–14 Portionen

250 g Erdbeeren

in Scheibchen schneiden.

250 ml Rosensirup

700 ml Roséwein

Beeren darin einlegen und circa zwei bis drei Stunden ziehen lassen.

500 ml Mineralwasser

700 ml Prosecco

dazugeben.

Rosenblütenblätter

ganz oder geschnipselt darauf servieren.

Natürlich dürfen sich alle anderen Früchtchen auch zur Bowle gesellen.

LIEBESDRINK „ROSY“

für 2 Gläser

5 TL Rosensirup
½ TL Holunderblütensirup
½ TL Himbeersaft

vermischen, in zwei Sektflötengläser füllen und mit Prosecco oder klarem Apfelsaft auffüllen.

Anstatt Himbeersaft kann auch Himbeermark verwendet werden.

ROSEN-
CHAI

für 4 Portionen

2 Gewürznelken

5 Kardamomkapseln

½ Zimtstange

1 Sternanis

500 ml Wasser

in einem Topf aufkochen.

2 Handvoll frische Rosenblütenblätter

1 TL Schwarztee

dazugeben und fünf Minuten ziehen lassen.

Milch

schäumen und darüber geben. Einen Teelöffel getrocknete Rosenblütenblätter, zum Teil gemahlen und ganz darüber verteilen.

Dem Tee können auch zwei Esslöffeln getrocknete Rosenblütenblätter zugegeben werden. Anstelle von Schwarztee kann auch Yerba Mate oder Grüntee genommen werden. Auch ohne Milch genussvoll.

ROSEN-LASSI

für ca. 4 Portionen

400 g Naturjoghurt
200 ml Mineralwasser
250 ml Rosensirup
1 Prise Salz
1 TL Kardamompulver

mit einem Pürierstab aufschäumen.

4 TL Pistazien

rösten, hacken und darüber streuen.

REGISTER

IMPRESSUM

Herausgeber

BLOOM's GmbH, Ratingen, www.blooms.de

Idee, Konzeption, Styling

Lilo Meier, Martina Brönnimann

Redaktion

Hella Henckel (vwtl.)

Text

Lilo Meier, Erika Jüsi (Vorwort)

Fotos, Styling

Martina Brönnimann, Lilo Meier

Grafik Design

Martina Brönnimann, Mandy Schubert

DTP

Britta Baschen, Gordian Jenal

Am Potekamp 6, 40885 Ratingen
T 02102 9644-0, F 02102 896073
E-Mail: info@blooms.de
Internet: www.blooms.de

1. Auflage 2018
ISBN: 978-3-945429-18-1